AMÉDÉE JULLIEN

SA VIE
ET
SES ŒUVRES

PAR

Émile HERVET

NEVERS
J. MICHOT, LIBRAIRE-ÉDITEUR
—
1890

Amédée JULLIEN

SA VIE ET SES ŒUVRES

A cette Notice on a joint :

Un portrait de M. Amédée JULLIEN, *par M. Achille Sirouy,*

Et trois eaux-fortes de M. Amédée JULLIEN.

AMÉDÉE JULLIEN

SA VIE

ET

SES ŒUVRES

PAR

Émile HERVET

NEVERS

J. MICHOT, LIBRAIRE-ÉDITEUR

—

1890

Marie-Antoine-Amédée JULLIEN

Membre fondateur de la Société de Topographie de France,

Administrateur de la Caisse d'épargne de Paris;

Membre de la Société nivernaise des sciences, lettres et arts;

Vice-Président d'honneur de la Société scientifique et artistique de Clamecy,

Directeur et Fondateur du musée de cette ville;

Ancien Notaire,

Ancien Maire de Tannay.

Il a passé en faisant le bien.

Je viens déposer une couronne sur la tombe de M. Amédée Jullien, — une couronne formée des souvenirs d'honneur et de labeur de sa vie.

Je l'ai vu à l'œuvre. J'ai connu la bonté de son cœur et l'élévation de son intelligence. Raconter ce qu'il fut et redire ce qu'il fit, c'est évoquer de chères pensées; — c'est aussi provoquer des larmes.

Pourquoi chercher cette émotion?

Est-il donc nécessaire, au bout de deux ans, de raviver le feu des regrets, dans l'âme pieuse d'une veuve que le temps ne saurait guérir ?

Faut-il mesurer encore la profondeur du deuil de sa fille qu'il a tant aimée et qui l'aimait tant ?

Ces douleurs inconsolées n'ont assurément pas besoin qu'on leur apporte des aliments nouveaux.

Mais d'autre part il n'est rien au monde qui soit plus salutaire, que d'étudier la vie d'un homme de bien, qui fut un homme de talent : — quel exemple ! quel encouragement !

Un souvenir, le plus touchant qu'on puisse imaginer, est resté gravé dans ma mémoire : c'est celui de l'affection de M. Amédée Jullien pour ses deux petits-enfants, Georges et Simonne. Sans cesse il songeait à eux. Leur préparer, avec une tendresse infinie, mais avec une prudente sagesse, les voies de l'existence, ce fut l'un des principaux soucis de ses dernières années ; jamais leçons excellentes ne tom-

bèrent en meilleur terrain : Georges et Simonne sont dignes de leur grand-père.

Eh bien, c'est la tendresse même de ce grand-père qui me conseille.

Il me fit l'honneur précieux de me mettre au rang de ses amis: si je puis parler de lui à ce titre, c'est pour ses petits-enfants que j'en veux parler.

Je penserai donc à eux en retraçant sa carrière. Je désire qu'ils puissent revoir sa douce et sainte figure comme dans un bon rêve, et j'écrirai ces pages afin qu'ils soient, en les lisant, fiers de celui dont l'âme immortelle est toujours avec eux et toujours veille sur eux.

I

SOUVENIRS D'ENFANCE.

La fin de ce récit nous ramènera au lieu même où nous sommes en le commençant, — à Clamecy, — « seconde ville du » Nivernais..... Ses vieilles rues étroites, » tortueuses et difficiles, — de nombreux » escaliers placés sur ses pentes les plus » rapides, — des maisons montrant au » dehors les angles pointus de leurs » pignons élevés ou les flancs bossués de » leurs façades de bois ; — tout, ainsi que » les dispositions particulières de la ville » et de ses faubourgs, lui conserve le côté

» pittoresque qui caractérise le Moyen-
» Age ».

Mais ce n'est pas jusqu'au Moyen-Age qu'il faut remonter ici.

« L'hôtellerie du Dauphin, placée rue
» Bourgeoise, aujourd'hui maison Jullien,
» existait à la fin du XVIe siècle. C'est
» dans cette hôtellerie que les échevins et
» le corps municipal présentèrent, le
» 28 mars 1641, leurs hommages à la Prin-
» cesse de Ternes ; ils lui offrirent douze
» biscuits ; et quatre maîtres joueurs
» d'instruments reçurent six livres, pour
» aller lui bailler une sérénade au château
» d'Asnois. »

Ainsi parle M. Amédée Jullien, dans son beau livre *la Nièvre à travers le passé*, et c'est en ces termes qu'il fait connaître l'hôtellerie historique devenue, suivant son expression, la « Maison Jullien ».

Cette maison est celle où il est né, le 19 novembre 1819. — Il devait, soixante-huit ans plus tard, rentrer dans cette même maison : — hélas ! la course de sa vie était alors achevée, et, frappé inopinément, il revenait maintenant au pays natal, pour rendre là le dernier soupir, au milieu des doux souvenirs de son enfance.

Souvenirs bien doux, en effet. Ils apparaissent dans un lointain qui semble encore tout illuminé de sourires : — l'existence est si belle à son aurore! Les larmes même, aux premières années, sont si vite essuyées, si exemptes d'amertume!

Amédée était encore tout petit, quand il lui arriva un jour de disparaitre. Quelle pouvait être la soif d'indépendance qui l'avait entrainé ? Où s'était-il égaré ? On le chercha, non sans inquiétude, aux alentours, car il ne devait pas être loin; on savait bien qu'il n'avait pas de petits camarades aventureux, pour aller en leur compagnie à la découverte d'un nouveau monde dans les faubourgs de la ville. On l'appela.

A ces appels, une petite voix répondit bientôt ; non pas une voix sereine et calme : c'était comme un cri d'alarme, d'angoisse. Et ce cri venait d'en haut. — On leva les yeux.

La tour de l'église Saint-Martin se dressait, tranquille, sur ses bases quatre fois séculaires :

Mil cinq cents moins trois seulement
Fut de la tour de cette église,
En avril, pris le fondement
Et la première pierre assise (1).....

Tout au sommet, des bras d'enfant s'agitaient, suppliants.

C'était la conclusion d'un rêve longtemps caressé.

Il est rare que les enfants remarquent les belles choses qu'ils voient tous les jours, et d'ordinaire ils passent indifférents devant une œuvre d'art dont le spectacle leur est familier, à peu près comme les laboureurs regardent le paysage qui s'étend devant leur champ, sans avoir souci du charme qui s'en dégage.

L'enfant qui, vers 1824, criait à l'aide, effrayé, sur la tour de Saint-Martin, était donc l'objet d'une exception qui le classait de bonne heure au rang des privilégiés. Ce monument, il l'avait contemplé, il s'y était intéressé : avait-il la vague intuition

(1) *La Nièvre à travers le passé*, p. 106.

des beautés de cette architecture ? Était-ce l'artiste futur qui se révélait déjà ? Ou bien n'éprouvait-il qu'une curiosité indécise ? Toujours est-il que cette tour le fascinait, l'attirait : il s'était senti une envie démesurée d'en escalader les degrés.

Il avait guetté l'instant favorable, et fait tout seul son ascension.

Mais quelle déception lorsque, parvenu au faîte, il n'avait rencontré que le malaise et le vertige !

Ce fut pour lui la première leçon de l'expérience. Il n'était pas en âge de la méditer ; mais souvent par la suite il songea à ce début.

N'est-ce pas ordinairement de désillusions que sont pavés les chemins de cette terre ? Les rêves humains n'ont-ils pas, fréquemment, la destinée des nuages que le vent emporte ou divise ? On croit monter au ciel, quand on se laisse soulever sur l'aile d'or de la chimère. Mais brusquement on se réveille au froid contact de la réalité, et l'on a le froissement du vide, comme au bord d'un gouffre imprévu.

II

LES PRÉLUDES

Quand il eut huit ans, l'enfant fut mis en pension ; c'est à Avallon qu'on l'envoya : son grand-père, M. Didier, était banquier dans cette ville. Amédée se trouvait ainsi sous la main de son aïeul, je veux dire à portée de ses caresses, et elles lui furent libéralement distribuées. M. Didier entendait à merveille son gracieux rôle de grand-père. Il se fit un devoir de « gâter » son petit-fils : — *gâter* un enfant, c'est là une formule courante ; est-elle ici bien à sa place ?

Il est des enfants dont on risquerait de développer les caprices, si l'on se montrait avec eux trop indulgent. Mais celui qui a naturellement le sens droit et le cœur reconnaissant est sans doute moins en danger : ses aptitudes heureuses s'épanouissent, sous l'action de la bonté qu'on lui manifeste ; la bonté des autres le rend meilleur, et du moment qu'il s'est senti affectionné, il en devient plus affectueux.

Alors il regarde en haut, — plus haut que la tour de l'église voisine, — et c'est la bénédiction céleste qu'il entrevoit planant sur lui. — Les dignes parents d'Amédée avaient déposé dans son âme si bien née les saintes leçons chrétiennes, et il aurait pu chanter, avec les jeunes Israélites du chœur d'Esther :

> Le bonheur de l'impie est toujours agité ;
> Il erre à la merci de sa propre inconstance.
> Ne cherchons la félicité
> Que dans la paix de l'innocence.

L'affection du grand-père et la tendresse de la mère se disputaient doucement l'enfant : celle-ci l'emporta. Après être resté à Avallon tout juste assez pour s'y faire aimer, Amédée fut ramené à Clamecy, où il suivit les cours du collége jusqu'à l'âge de douze ans.

C'est là, en face de cette tour de Saint-Martin qui avait été l'objet de sa première admiration, le théâtre de son premier exploit, le témoin de sa première exploration dans l'inconnu nuageux, — c'est là que ses bons parents, fiers de lui, le voyaient grandir en sagesse.

Il grandissait aussi en curiosité.

S'il n'était pas encore en état de déterminer les points vers lesquels plus tard il se dirigerait, et de se choisir une carrière, du moins il cherchait de bonne heure les courants à suivre, et on le voyait s'embarquer en des essais divers.

Ses cahiers d'écolier se couvraient de dessins : — Serait-il donc dessinateur ? On pouvait croire dans tous les cas qu'il aurait la fervente volonté de le devenir, car il se distinguait, parmi tous les petits dessinateurs de sa classe, par l'application et le goût. Le désir de la peinture commençait de la sorte à nuancer l'horizon de ses lointaines espérances.

La musique le tentait aussi. Il avait demandé à se faire initier aux mystères du violon, et, pendant qu'il devenait sur cet instrument un exécutant agréable, il exerçait sa voix, qui était juste et bien timbrée, et se préparait à dire la chansonnette avec esprit et sentiment.

Une autre vocation se révélait en même temps chez lui, vocation dont le propre est d'être à la fois infiniment ingénieuse et de plus en plus impérieuse : il était né collectionneur.

La première collection qui le passionna avait pour objet les œufs des oiseaux du pays. Adroit et agile, il avait une habileté particulière pour opérer la conquête des nids ; il posséda bientôt presque toutes les espèces, et se glorifiait des nombreux cartons remplis d'œufs qui encombraient sa chambre. Par malheur ces jolies coquilles, qui réjouissaient le regard, n'étaient pas peut-être absolument inoffensives, et par suite de leur présence l'atmosphère était quelque peu viciée. On craignit pour la santé du jeune ornithologiste ; sa prudente mère estima qu'il fallait prendre un grand parti. Un matin, à l'heure où son fils fouillait paisiblement les buissons du voisinage, elle se décida, par mesure de salubrité, à faire disparaître la précieuse collection. Ce fut un bien gros chagrin. L'enfant se jura, les larmes aux yeux, de ne se consoler jamais.

Il se consola pourtant, en s'occupant sans tarder de former une collection nouvelle. Seulement, il portait maintenant plus haut que la première fois son ambition et ses visées, et c'est un *médaillier* qu'il crut pouvoir entreprendre.

C'était vraiment oser beaucoup. — Comment un écolier trouverait-il des médailles, dans le cercle nécessairement restreint de ses investigations ? Comment ensuite deviendrait-il possesseur de celles qui lui seraient révélées ? C'est un des priviléges de la jeunesse, de ne pas s'effrayer des difficultés, mais de compter au contraire sur les faveurs possibles de la Fortune. Cependant Amédée ne fut jamais de ceux qui s'imposent, qui forcent les portes rebelles ; si même il a pu encourir un reproche dans le cours de son existence, ce serait bien de s'être parfois trop effacé. Mais c'était un convaincu et un travailleur. Lorsqu'il ne s'agissait que d'un effort laborieux, il ne craignait pas d'aller de l'avant. Tout obstacle susceptible d'être surmonté par une volonté persistante n'était donc pas pour l'effrayer : du reste dans la circonstance présente, il était armé de la foi du collectionneur.

Et puis, il avait son excellent grand-père, M. Didier, qui éprouvait une joie extrême à se faire son complice : s'il faut de l'argent pour acquérir des médailles, le bon M. Didier était là pour y pourvoir, et toutes les fois que le petit-fils allait à Avallon, il en revenait avec sa bourse convenablement lestée ; c'est ainsi qu'il put commencer alors ce médaillier, qui par la suite devint véritablement riche, et où figurèrent plusieurs pièces rares. La plupart de ces médailles ont été plus tard libéralement dispersées, au profit de quelques collections particulières ou au bénéfice de divers musées.

Parmi les nombreux cadeaux faits par le grand-père, je ne veux pas oublier une certaine montre, que l'enfant reçut à l'époque de sa première communion. Ce lui fut l'occasion de se découvrir une aptitude nouvelle : il voulut pénétrer le secret de cette montre, et, pour y parvenir, il la démonta. Il venait de terminer cette opération inquiétante, et tous les petits rouages étaient méthodiquement rangés devant lui, quand sa mère parut. Il courba la tête sous l'admonestation. Mais ensuite il déclara qu'il saurait bien reconstruire la montre : et il le fit comme il l'avait dit. Il passa désormais pour se connaître en horlogerie, et c'est à lui que fut confiée la haute direction des pendules de la maison.

Tels étaient ses essais et ses jeux, et voilà comment il préludait, sous l'aiguillon d'une curiosité incessante, à ses recherches prochaines et à ses futurs travaux.

Mais il n'y avait pas seulement en lui la féconde avidité de connaître : — Si son esprit était ouvert, son cœur l'était également.

Il avait onze ans, quand éclata cette épidémie de choléra qui mit la France en deuil, et dont le souvenir sinistre est resté comme légendaire dans les fastes de la Mort. La ville de Clamecy paya largement son tribut au monstre. C'était un ravage horrible. Les victimes, brusquement frappées, tombaient en grand nombre, dans les convulsions d'une brève agonie. L'effroi saisissait les survivants. L'épouvante régnait. Beaucoup se cachaient, croyant ainsi se faire oublier du fléau, et les parents eux-mêmes n'osaient pas toujours escorter les corps des pestiférés ; des cercueils partaient dans un isolement lamentable : on voyait passer des enterrements où il n'y avait que le clergé pour toute assistance.

Une fois, le curé [1] aperçut un enfant qui suivait, tête nue, le modeste convoi : l'enfant alla jusqu'au cimetière ; il se tint, pâle et recueilli, auprès de la fosse pendant les prières suprêmes. Le lendemain, le même enfant parut encore. Plusieurs jours de suite, sa présence fut remarquée à ces cérémonies funèbres que tout le monde fuyait. L'abbé Guillaumet crut de son devoir d'avertir les parents d'Amédée; il leur représenta le danger que courait leur fils.

(1) C'était M. l'abbé Guillaumet, qui occupa pendant un demi-siècle la cure de Clamecy. Très-lié avec la famille Jullien, il vit élever Amédée, et lui garda jusqu'à la fin la plus vive affection.

Amédée fut appelé ; on l'interrogea, on lui demanda quel sentiment le poussait à rendre les derniers devoirs à des défunts qu'il ne connaissait pas.

— Il faut bien, dit-il, prier pour ces chrétiens ; c'est trop triste de voir tant de malheureux partir tout seuls, sans personne pour jeter un peu d'eau bénite sur leur tombe...

Le brave enfant ne se doutait pas, dans la simplicité de son bon cœur, qu'il accomplissait un acte d'héroïsme. Ses parents, lorsqu'ils furent parvenus aux limites de la vieillesse, en parlaient encore, et ils le faisaient avec une émotion où perçait un bien légitime orgueil.

III

L'AUTORITÉ PATERNELLE

Amédée termina ses études à Paris, au collége Rollin. Il fit ensuite son droit; puis, toujours à Paris, il entra dans l'étude d'un notaire, car on avait décidé en famille qu'il se dirigerait du côté du notariat. Il travailla aussi chez un avoué.

Mais quoiqu'il étudiât les affaires avec zèle, elles n'occupaient cependant qu'une partie de ses journées. Ce goût pour le dessin, qui s'était révélé chez lui dès sa prime jeunesse, n'avait point disparu, et ses aspirations vers l'art ne faisaient que s'affirmer. En un mot, il voulait bien être notaire, mais il rêvait de devenir peintre : afin de réaliser ce rêve il s'enquit d'un atelier; on lui désigna celui du paysagiste Rémond : il s'y fit admettre.

Poursuivant simultanément deux objets distincts, Amédée travaillait donc à effectuer l'alliance de l'art et des affaires ; si sa tête était au notariat, son cœur était à la peinture, et c'est la palette aux doigts qu'il attendait, sans impatience, qu'une occasion lui permît d'aspirer à devenir titulaire d'une étude : il se promettait seulement de ne traiter que pour une charge très-voisine de Paris.

C'était le temps où se préparait la Révolution qui devait éclater le 24 février 1848, Amédée ne s'en doutait point; ses occupations l'absorbaient complètement, de sorte qu'il était en dehors des craintes comme des espoirs de la politique.

Pourtant, lorsque le roi Louis-Philippe eut pris le chemin de l'exil, le père d'Amédée, entendant les bruits de la guerre civile et considérant l'incertitude des lendemains, se sentit alarmé ; Paris lui faisait peur : il ne songea plus qu'à voir son fils fixé auprès de lui, en Nièvre, loin des barricades et des partis qui les défendaient ou qui les attaquaient.

Sous l'impulsion de ce sentiment de prudente tendresse, il crut devoir profiter à la hâte d'une circonstance qui lui parut éminemment favorable : une étude se trouvait disponible à Tannay ; sans consulter son fils absent, il décida que ce fils en serait le nouveau titulaire.

Devenir notaire dans un canton de l'arrondissement de Clamecy, après avoir projeté de ne pas perdre de vue le centre artistique parisien, c'était changer d'orientation.

Mais puisque le père avait jugé qu'il en devait être ainsi, le fils, sans hésiter, s'inclina respectueusement. S'il eut des regrets, il les refoula. Il ne se permit pas un murmure contre cette autorité paternelle qui, cependant, pouvait lui sembler un peu absolue et sévère.

Il est bien vrai qu'on n'est plus accoutumé aujourd'hui à voir un chef de famille disposer de telle façon, en ne prenant conseil que de lui-même, de l'existence d'un fils de trente ans. Les uns diront que c'est progrès, les autres décadence. Je me borne à constater la différence des deux époques.

Lors du décès de M. Jullien le père, en 1873 [1], l'archiprêtre de Clamecy, ce vénérable abbé Guillaumet dont nous parlions plus haut, s'adressa, après les prières liturgiques. au fils du défunt, dans ce même cimetière où ils avaient ensemble, tant d'années avant, prié pour les victimes d'une épidémie terrible :

« Jetez, dit-il à Amédée, jetez l'eau
» bénite sur la tombe de votre regretté
» père, qui fut, — selon la parole de
» l'Ecriture, — un homme droit, juste et
» craignant Dieu, *homo rectus, justus ac*
» *timens Deum.* »

Le prêtre qui a rendu cet hommage à celui dont, pendant un demi-siècle, il avait été l'ami, était l'interprète de la

(1) M. Jullien est mort dans sa quatre-vingt-cinquième année.

pensée de tous. On disait de M. Jullien le père qu'il avait été béni du ciel. Sa longue existence, en effet, fut heureuse. Laborieux, la fortune lui avait souri. Avoué à Clamecy, puis juge-suppléant et juge d'instruction, il a vécu entouré de l'estime publique. Il avait, en même temps que la tendre affection des siens, leur confiance respectueuse.

Son fils accepta donc de lui, simplement, l'étude de Tannay.

IV

A TANNAY

La Providence voulut récompenser Amédée de sa déférence à la volonté paternelle. Installé à Tannay, il vit le bonheur entrer chez lui comme un hôte attendu, et s'installer à son foyer; les succès artistiques de Paris allaient se trouver ajournés sans doute, mais cet ajournement faisait de la place pour les joies calmes et si douces de la vie de famille.

C'est en 1850 que M. Amédée Jullien épousa Mlle Pietresson de Saint-Aubin, qui appartenait à une honorable et ancienne famille de la Nièvre (1).

Mlle de Saint-Aubin est, par sa mère, la petite-fille du général Paillart. On sait que le général Paillart fut créé baron par l'Empereur Napoléon Ier, qu'il était grand-croix de la Légion-d'Honneur, et que son nom est inscrit sur l'Arc-de-Triomphe. Nivernais de naissance, il était venu prendre sa retraite à Entrains. Il fut maire de cette ville pendant de longues années. Nous voyons plus tard à la mairie d'Entrains M. Pietresson de Saint-Aubin, le père de Mme Amédée Jullien. Après avoir longtemps administré sa commune, M. de Saint-Aubin donna sa démission pour aller fixer son domicile à Paris.

Le général Paillart possédait de nombreux autographes. Ils furent malheureusement négligés après lui, et plusieurs de ces documents eurent le sort des vieux papiers qu'on juge inutiles et qu'on laisse

(1) Cette famille, mentionnée dans l'*Histoire de l'Auxerrois*, de M. Challe; dans l'*Historique de Quarré-les-Tombes*, de M. Henry; dans l'*Epigraphie héraldique de la Nièvre*, de M. Jacques de Sornay, etc., a donné, dès le quinzième siècle, plusieurs officiers distingués.

périr sans scrupule. M. Amédée Jullien sauva plus tard les débris de cette belle collection. Parmi les pièces qui sont encore dans les mains de la famille, je copie celle-ci :

Quartier général de Sarreguemines, le 20 brumaire, l'an IIe de la République une et indivisible.

Le général en chef Hoche au général de brigade Paillart.

Je te préviens, citoyen, que, comptant sur ton attachement à la cause des sans-culottes, les représentants du peuple près cette armée viennent de te nommer général de Division ; songe que tu dois ta place à ton civisme et à ton activité, et non à l'intrigue. Continue donc de servir ton pays, comme tu l'as fait jusqu'à ce jour ; ne souffre pas qu'on te trahisse par malveillance, insouciance ou tiédeur. Vois souvent les soldats dont la conduite t'est confiée, maintiens et augmente la discipline, ne sois reconnaissant qu'envers ta patrie.

Le citoyen commandant l'armée de la Moselle,

L. HOCHE.

P.-S. Tu te rendras sur-le-champ à Sarreguemines.

Recueillir cette collection du général Paillart fut une grande joie pour M. Amédée Jullien : s'en occuper lui était un délassement. Il avait du reste à Tannay des occupations multiples, et elles devinrent tellement absorbantes qu'il fut dans l'obligation de négliger plus qu'il ne l'eût voulu les Beaux-Arts.

Cependant, il tenait essentiellement à ne pas perdre le fruit des études de peinture qu'il avait faites naguère : doué comme il l'était d'une rare puissance de travail, il parvenait encore, à force de volonté, à trouver quelques loisirs pour étudier sur nature, dans une série de peintures d'une sincérité délicieuse, les paysages environnants ; à cette époque également, il eut la curiosité de la gravure à l'eau-forte, et quoiqu'il ait débuté sans guide, il ne tarda pas à donner des planches d'un charme étonnant et d'une très-réelle valeur artistique.

Avant tout il se faisait conscience de bien remplir les obligations de sa charge. Il ne songeait pas à élargir le cercle de ses opérations. Il était le conseiller amical des familles, et il avait pour souci capital d'éclairer dans la conduite de leurs intérêts et la gestion de leurs biens, ceux qui venaient frapper à la porte de son étude. D'esprit droit, il saisissait rapidement les questions, savait débrouiller le chaos des conflits divers, et finalement avait un talent particulier pour expliquer leurs propres affaires à ceux qui s'y égaraient, — car il était de la bonne école classique où

Ce que l'on conçoit bien s'énonce clairement
Et les mots pour le dire arrivent aisément.

Mais le notariat n'était pas son unique fonction. L'administration aussi réclama ses soins.

Il avait été appelé au conseil municipal dès ses débuts à Tannay. Adjoint en mars 1854, il fut nommé maire au mois de juin de la même année. — Bien que ces faits se soient produits dans les premières années d'un régime nouveau, il ne s'ensuit pas que M. Amédée Jullien ait recherché ou ait eu un rôle politique.

Nous avons tous connu des hommes qui ont été maires successivement sous plusieurs régimes. Ils ont cru que l'intérêt qu'ils devaient porter aux affaires de leur commune pouvait bien ne pas être subordonné à la forme du gouvernement : C'est que tout le monde n'est pas poussé, par les circonstances, à prendre une part active aux querelles des partis, et beaucoup n'en ont pas le goût.

Même au point de vue gouvernemental, on peut dire qu'une politique qui ne serait qu'une politique de parti aurait l'égoïsme pour base; mal inspiré serait le pouvoir qui s'y livrerait : il ne ferait que disperser les forces utiles du pays, au lieu de procéder par réconciliation. Un gouvernement qui aspire à n'être point stérile ne doit-il pas savoir faire un bienveillant accueil à tous ceux qui aiment leur patrie et sont en état de la servir?

M. Amédée Jullien n'avait d'attaches personnelles avec aucun parti.

Maire sous l'Empire, il rendait pleinement justice à tout ce qui se faisait pour le bien général, et ses opinions étaient alors, comme elles le furent toujours, celles d'un défenseur inébranlable des principes sur lesquels seuls peuvent reposer les sociétés humaines. Telle était sa doctrine. Elle se résumait dans ces hautes idées conservatrices, qui ont pour objet le respect de tout ce qui est vrai, sain et grand, dans l'ordre matériel, comme dans l'ordre moral et religieux.

C'était un homme de paix et de foi.

A la mairie de Tannay, il s'occupa de Tannay, et trouva qu'il avait assez à faire d'améliorer, autant que possible, la situation de la commune dont l'administration lui était confiée.

Le Préfet de la Nièvre, M. de Magnitot, lui adressait, le 5 janvier 1856, une lettre dont voici un passage :

« ... L'établissement d'un fourneau éco-
» nomique fonctionnant à vos frais est
» une heureuse idée qui répond complète-
» ment à la pensée du gouvernement de
» l'Empereur, dont la sollicitude en faveur
» des classes pauvres se manifeste chaque
» jour et sous tant de formes.

» Cette création fait honneur à votre
» libéralité ; elle prouve que vous savez
» allier les soins d'une administration
» vigilante avec les inspirations de la
» charité la plus éclairée... »

Le chef de l'administration du département de la Nièvre rendait un légitime hommage à M. Amédée Jullien, en félicitant le généreux bienfaiteur de la commune de Tannay, et en profitant de la circonstance pour louer en lui l'administrateur vigilant [1].

L'année suivante, M. Amédée Jullien fut nommé, par le conseil académique, délégué de ce même conseil, pour la surveillance des écoles du canton de Tannay. En l'informant de cette nomination, le recteur, M. Raynaud, lui écrivit, le 15 mars 1854 :
— « Ce n'est pas à vous, Monsieur, qu'il
» est nécessaire de rappeler toute l'impor-
» tance des fonctions qui vous sont
» confiées. Si, comme on l'a dit souvent
» et avec raison, tout l'avenir de notre
» société est dans nos écoles, il est évident
» que tout ce qui peut contribuer à l'amé-

(1) Vingt-sept ans plus tard, M. de Magnitot, devenu ancien préfet, écrivait à M. Amédée Jullien, le 23 mars 1883 :
— « J'ai en ce moment près de moi notre ami commun,
» M. l'abbé Lebrun... J'ai été moi même amené à pro-
» noncer votre nom, à lui parler du fidèle souvenir que
» je conservais de mes anciennes relations avec vous, et
» comme collaborateur dévoué, et comme homme si
» éminemment distingué par son talent et ses goûts
» artistiques... »

» lioration de l'éducation populaire doit » exciter au plus haut point l'attention » de tous les hommes de conscience et » de dévouement. »

Du passage de M. Amédée Jullien à la mairie de Tannay, il est resté, sans compter les bienfaits qu'il a semés autour de lui et les améliorations qu'il a exécutées, un ouvrage absolument remarquable. C'est un *Arrêté général de police municipale.*

Affiché et publié dans la commune, cet arrêté fut ensuite imprimé en une brochure qui compte quarante-neuf pages.

J'en ai un exemplaire entre les mains : il a été souvent consulté, comme un ami sûr. Son possesseur, en s'en dessaisissant temporairement pour me permettre d'en prendre connaissance, a écrit une lettre bien touchante, où il fait d'abord l'éloge de l'ouvrage; il explique son utilité pratique, et fait remarquer que cette brochure est restée le guide le plus clair et le plus complet qui existe dans le pays ; il ajoute : — « C'est pourquoi ceux qui la possèdent » y tiennent beaucoup, par respect pour » celui qui l'a écrite; son nom sera tou-

» jours vivant parmi nous. » L'homme de cœur qui s'exprime de la sorte rend un hommage bien mérité à la mémoire de M. Amédée Jullien.

C'est aussi un hommage qu'ils rendent à l'ancien maire de Tannay, ceux qui, conservant précieusement sa brochure, s'en inspirent à présent encore. Elle est si facile à interroger, et ses réponses sont si précises !

La portée de l'Arrêté est indiquée dans ces lignes du préambule : — « Considérant
» qu'il importe au maintien de la sûreté,
» de la salubrité et du bon ordre de cette
» commune, de rappeler aux habitants
» leurs principales obligations en matière
» de police municipale ;

» Convaincu que la plupart des infrac-
» tions, journellement commises, ne peu-
» vent résulter que de l'ignorance où se
» trouvent les citoyens, des devoirs aux-
» quels ils sont assujettis, et que le
» moyen le plus efficace de prévenir ces
» infractions est de retracer, dans un
» réglement d'administration publique, les
» principales obligations qui leur sont

» imposées par les Lois en vigueur, —
» Avons arrêté... etc., etc. »

Le travail est divisé en six chapitres, relatifs aux objets suivants : — 1° Salubrité publique ; — 2° Sûreté publique ; — 3° Sûreté du commerce ; — 4° Ordre public ; — 5° Voirie ; — 6° Police rurale. — Sous chacun de ces titres se rangent les divers articles, méthodiquement classés. La brochure est terminée par une table alphabétique détaillée et complète.

V

LE PÈRE DE FAMILLE

Tout souriait à M. Amédée Jullien ; son chemin était sans ornières, et il ne rencontrait de toutes parts que des sujets de satisfaction.

Si sa situation de fortune lui permettait de suivre le penchant naturel qui le portait à faire le bien, sa connaissance des affaires le mettait en mesure de le faire avec discernement. C'est, en effet, à ce point de vue qu'il se plaçait, pour exercer le notariat et pour administrer sa commune.

Evidemment il avait gardé ses aspirations premières. Le chef-lieu de canton, dont il s'occupait avec tant de zèle, n'était pas, sans doute, pour lui faire oublier ses relations artistiques, et l'érudit qui était en lui ne pouvait que déplorer la privation des moyens d'étude que fournissent les grands musées et les bibliothèques. Mais la joie de rendre service n'était-elle pas une belle compensation ?

Il y avait d'ailleurs une chose qu'il était en position d'apprécier par-dessus tout, lui dont le cœur était si aimant et l'idéal si pur : c'est que la bénédiction de Dieu était sur sa maison; le bonheur, en ce temps-là, le traitait en favori.

Entre la compagne de sa vie et lui, il y avait concordance parfaite dans la manière d'envisager les devoirs, les travaux et les grandes espérances. Ils se comprenaient bien.

Heureuses les familles où les préoccupations intellectuelles procèdent, chez l'un et chez l'autre, d'une source identique, où les tendances se développent dans un même ordre d'idées. On se complète alors mutuellement. Au lieu d'être dans la nécessité de se faire sans cesse des sacrifices réciproques, on en arrive à avoir les mêmes goûts, à collaborer aux mêmes œuvres. — La sympathie ambiante ne constitue-t-elle pas, pour qui travaille, la meilleure et la plus précieuse des collaborations?

La charité même paraît mieux faite, lorsqu'elle est faite à deux : oui, quand deux âmes se sentent d'accord pour bien faire, leur complicité a quelque chose de sacré, et chacune est plus ardente au bien, dans la pensée qu'il s'agit de plaider pour deux devant le Juge suprême des mérites terrestres

Comme homme de bien, comme homme d'affaires et enfin comme administrateur, M. Amédée Jullien trouvait donc à Tannay l'emploi de ses facultés. Mais quoi! ses rêves de jouissances intellectuelles le poursuivaient toujours.

Et puis, une fille lui était née.

Tant que Mlle Marguerite Jullien fut toute petite, le séjour de la Nièvre lui convint parfaitement; mais dès qu'elle commença de grandir, ses parents se consultèrent : — Est-ce qu'ils ne feraient pas tout ce qui pouvait être fait, pour développer cette jeune intelligence qui, de bonne heure déjà, donnait de rares promesses ? Ils n'avaient pas, en somme, à se trop inquiéter de la question d'argent : leur budget se soldait par un honorable excédent de recettes ; rien ne les obligeait donc à demeurer plus longtemps dans le pays où ils avaient présentement leur résidence.

Ce pays pourtant leur avait été doux : en vérité, Tannay leur plaisait ; ils y avaient goûté largement leur propre bonheur, et aussi le bonheur de tous les heureux qu'ils avaient faits. Soit ! Mais Tannay ne possédait que des ressources restreintes, et il était impossible d'y donner à une jeune fille une éducation de premier ordre.

Voilà ce que se disaient M. et Mme Amédée Jullien, et, tout en faisant ces réflexions, ils se tournaient, décidément, du côté de Paris.

De sorte qu'un jour, en 1860, l'étude de notaire de Tannay eut un autre titulaire.

A Paris, les chers et bons parents de

Mlle Marguerite Jullien eurent tout lieu d'être fiers à cause d'elle. En s'inspirant de leur propre exemple, en leur prodiguant son affection filiale, elle apprenait encore à être le modèle des épouses et des mères.

C'est en 1873 que M. Lucien Tournadre de Noaillat devint son mari. Il était ingénieur civil. Il fit glorieusement la campagne de 1870, et, blessé sur le champ de bataille, fut mis deux fois à l'ordre du jour [1] ; il était chevalier de la Légion-d'Honneur. Pendant un temps il eut, lui aussi, une existence heureuse, et l'on était heureux autour de lui. Mais les longues joies ne sont pas de ce monde ; c'est quand on croit être en possession d'une félicité terrestre inaccessible aux orages, que tout d'un coup se fait entendre une voix terrible disant : — Souvenez-vous que vos pauvres corps ne sont que poussière !...

Doué jusque-là d'une santé brillante,

(1) Il appartenait à une ancienne famille d'Auvergne, et il était petit-neveu du lieutenant-général baron Simer, qui fut député du Puy-de-Dôme sous la monarchie de Juillet, et dont le nom, comme celui du général Paillart, est inscrit sur l'Arc-de-Triomphe.

M. Lucien Tournadre de Noaillat sentit un jour la lourde main de la destinée s'appesentir sur lui. Irrémédiablement frappé, il eût été sauvé par les soins de sa femme, s'il avait pu l'être. Mais il y avait eu sans doute assez de bonheur dans cette famille, et l'heure marquée pour les dures épreuves allait venir, — était venue.

Pendant un an, l'épouse, armée de tout son courage, disputa son mari à la mort ; courage inutile, elle le savait, elle était avertie, on ne lui avait point laissé ignorer qu'il y avait une condamnation sans appel, sans rémission. Elle n'espérait pas. Mais elle estimait que son devoir était d'aller jusqu'aux extrêmes limites des forces de la femme : — elle alla au-delà ; elle ne compta pas avec sa fatigue, elle ne compta qu'avec son cœur.

Le 27 février 1883, son front se penchait sous le voile des veuves...

Alors, pour la première fois on pleura de vraies larmes dans la maison de son père.

LE SOIR

A Julien pinxt et sculpt

VI

PEINTURE — EAU-FORTE — CÉRAMIQUE

J'ai sous les yeux, en écrivant ces lignes, un tableau qui m'est deux fois précieux : c'est un paysage que je tiens de M. Amédée Jullien, et je le considère comme un témoignage de notre amitié ; et puis cette peinture me rappelle le charme d'une contrée délicieuse et paisible.

Au premier plan s'étend une vaste prairie nivernaise, qui occupe tout le bas de la toile. On est à la fin de juin. La faux est à l'œuvre, et déjà la fourche des faneuses secoue çà et là les foins dont on croirait respirer le parfum. Dans les parties de la plaine où la fenaison est faite, on a admis quelques vaches qui cherchent volontiers à s'égarer dans les zones réservées. Au second plan, à gauche, les bâtiments de la ferme se cachent à demi dans un bouquet d'arbres; des ormes aux troncs émondés se dressent avec des contorsions remarquablement observées. L'horizon plonge à droite parmi les prairies, sous un ciel dont l'azur se dérobe par places derrière des vapeurs nuageuses.

La facture de ce tableau se distingue par une remarquable probité de pinceau; aucun procédé banal ne s'y révèle; on voit que le peintre s'est placé de bonne foi devant un site qui l'avait charmé, et que simplement il s'est appliqué à le reproduire tel qu'il le sentait. Car il est évident que M. Amédée Jullien était plein de sincérité en face de la nature. Il avait d'ailleurs une impression toute personnelle dans sa vision des choses, et, penseur comme il l'était, il savait interpréter le modèle qu'il copiait.

Il avait vraiment le tempérament d'un artiste.

Et cet artiste d'élite qui était en lui se fût assurément affirmé plus aisément et plus tôt, si, au temps de sa jeunesse, il avait rencontré un autre professeur que M. Rémond.

Jean-Charles Rémond, né à Paris en 1795, avait reçu quelques conseils de Regnault, mais il était proprement élève de Bertin, le fameux représentant de l'école du « Paysage historique » ; Rémond perpétua cette école avec une ardente conviction; il acquit ainsi une notoriété qui ne lui a guère survécu. Il n'était pas sans mérite; mais sa manière était malheureusement faite des recettes et des formules recueillies et codifiées par cette école dont il fut l'un des derniers soldats. Un tel professeur ne pouvait qu'être bientôt débordé, par un élève qui possédait éminemment le sentiment, à la fois réel et idéal, de la poésie des champs et des bois. — Il ne faut pas du reste qu'on se méprenne sur le rôle d'un professeur de peinture.

M. Amédée Jullien était doué, et la preuve, c'est que, bien loin de s'engager dans la manière de Rémond, il se fit à lui-même une méthode, et fut artiste : il put l'être, parce qu'il aimait et comprenait la nature, comme il l'a prouvé dans les études peintes qu'il a laissées, et qui forment une collection où la franchise de la facture s'allie sans effort à la vérité de l'observation.

« Le maître des maîtres, dit Töpffer, le seul infaillible, le seul excellent, c'est la nature, ou plutôt c'est l'unique maître; car, remarquez bien que l'artiste duquel vous recevez des leçons n'a d'autre emploi que de vous redire les enseignements qu'il tient d'elle. Il est répétiteur, et non pas maître. »

A son tour M. Amédée Jullien, se préoccupant de cette même question du professorat artistique, a écrit ces lignes si justes : — « Pour être entièrement vrai, chaque » artiste, loin d'imiter un maître, doit » rester avec ses efforts et son travail, » seul, en présence de ses moyens naturels.

» On apprend à faire des vers, et on » apprend à peindre, mais on n'apprend » pas plus pour cela à faire un poète qu'à

» devenir un artiste peintre ou sculp-
» teur [1]. »

Rien n'est plus exact. C'est la nature qui doit compléter l'éducation du jeune artiste et l'éclairer définitivement.

« Venez donc, dit encore Töpffer, venez auprès de ce maître à la fois simple et sublime ; venez écouter son doux et mystérieux langage... Ah ! s'il existe sous le ciel une jouissance pure et bienfaisante, un plaisir qui ne laisse après lui ni vide, ni regrets, plaisir fidèle et toujours prêt à renaître, c'est celui qui se goûte à ce commerce intime avec la nature. »

Cette intimité avec la nature, M. Amédée Jullien l'avait commencée enfant ; il la continua pendant les années de son séjour à Tannay ; enfin il y revint encore, inébranlable en sa fidélité, lorsqu'il put s'occuper de peinture non plus en amateur, mais en artiste.

Le contact direct avec la nature se

(1) *Les Artistes et la Protection qui leur est due*, étude par M. Amédée Jullien, publiée dans l'*Echo des Beaux-Arts* du 17 juillet 1870.

manifeste dans tous ses tableaux, et c'est le plus souvent de la nature nivernaise qu'il s'inspire [1]. Ses gravures dénotent la même préoccupation, le même culte du pays natal.

Car M. Amédée Jullien, comme nous l'avons déjà noté, fut graveur aussi.

Il n'est point surprenant qu'un esprit chercheur comme était le sien, et curieux de toutes les manifestations artistiques, ait été saisi du désir de confier ses impressions au cuivre après les avoir peintes sur la toile. Il ne prit aucun guide pour explorer son nouveau domaine. Ce fut d'ailleurs bientôt avec un talent d'un charme exquis qu'il pratiqua le genre qu'on appelle l'eau-forte des peintres. Ses eaux-fortes sont librement traitées, fines, serrées, mais par-dessus tout pleines de souplesse, d'expression et d'esprit.

(1) Voici, en effet, les sujets de quelques-unes des toiles que M. Amédée Jullien exposa au Salon de Paris : — *La Ferme des Chamards*, près d'Entrains (1863) ; — *Une Mare près de Clamecy* (1864) ; — *La Prairie des Vallées*, près de Lormes (1865) ; — *Prairie dans le Nivernais* (1866) ; — *La Ferme des Chênois*, près d'Entrains (1869) ; — *La Prairie, village de Brassy*, Morvand (1869)...

Quelquefois aussi l'artiste emprunta ses sujets aux plages normandes.

Son album, contenant vingt planches, est merveilleux à voir, et j'y sais plusieurs gravures qui, par la tenue du faire comme par le sentiment dont elles sont imprégnées, suffiraient à établir une renommée solide.

Ce n'était pas encore assez, pour M. Amédée Jullien, de peindre et de graver. On aurait pu modifier à son usage l'antique profession de foi, et dire que rien de ce qui touche aux Beaux-Arts ne lui pouvait être étranger. Par la variété des sujets qu'il eut la noble ambition d'embrasser, il rappelait ces hommes de la Renaissance, qu'on ne voit jamais s'enfermer dans une spécialité, mais qui, ayant l'âme ouverte à toutes les sensations et comprenant le beau sous tous ses aspects, furent des artistes universels. Avide de beaucoup apprendre, M. Amédée Jullien l'était également de produire beaucoup, car il appartenait à la race fortunée de ceux que l'idéal impatient soulève incessamment sur ses ailes.

Les angoisses de l'année terrible le trouvèrent dans la Nièvre. Comme l'odieuse guerre civile qui, après l'hiver allemand, ensanglanta le printemps de 1871, ne permettait pas le retour à Paris, M. Amédée Jullien eut l'idée de chercher, dans la grande industrie artistique de Nevers, quelque distraction à ses patriotiques douleurs. C'est à cette époque et dans ces conditions qu'il s'occupa pour la première fois de la décoration de la faïence.

Il se fit donc expliquer, à Nevers, la palette du peintre-faïencier et les mystères du grand feu. On lui signalait le manganèse comme un ennemi à vaincre : il l'attaqua. Ses efforts furent couronnés de succès. Il ne tarda pas à obtenir un certain nombre de pièces d'une venue remarquable.

Rentré à Paris, il montra ses faïences à quelques amis : l'un d'eux, qui était en relations avec le maître faïencier M. Deck, lui en parla ; M. Deck voulut voir les travaux de l'artiste nivernais, et il les apprécia à tel point que, spontanément, il fit à M. Amédée Jullien la faveur tant enviée de le guider suivant sa propre méthode.

M. Amédée Jullien se mit à l'œuvre avec cette ardeur enthousiaste qui était une des marques distinctives de sa nature. Il exécuta, dans la manière de M. Deck et d'après ses indications, plusieurs pièces qui furent trouvées si réussies, que M. Deck lui-même voulut les faire figurer aux Expositions de Vienne et de Londres.

Voilà comment M. Amédée Jullien devint peintre en céramique.

Je dois noter que, tout en s'adonnant ainsi aux arts, comme en poursuivant les autres travaux dont nous allons parler, il sut encore trouver le temps, à Paris, d'être administrateur de plusieurs grandes compagnies industrielles, et censeur de la compagnie d'assurances *le Monde*. Dans ces diverses Sociétés, on rendait hautement justice aux aptitudes de l'homme d'affaires, on faisait cas en toute occasion de ses avis éclairés, en un mot, on l'appréciait, on l'aimait.

Mais reprenons notre récit. Nous disions que M. Amédée Jullien avait pris goût à la céramique. D'autres études le sollicitèrent.

De même qu'il était resté fidèle à la peinture et à la gravure, également il n'allait pas renoncer à la faïence, mais il ne s'y consacrerait plus que de temps à autre. — C'est ainsi qu'après avoir lu un beau livre, on le quitte, mais sans l'abandonner : on lui assigne une place de choix dans la bibliothèque, et quand on est de loisir on l'ouvre de nouveau, pour en relire les pages préférées.

LA FORÊT

VII

L'ÉCRIVAIN D'ART

Ce qui empêcha M. Amédée Jullien de poursuivre ses succès de peintre en céramique, ce fut la préparation de son grand ouvrage : *la Nièvre à travers le passé*. Cet ouvrage n'était pas son début d'écrivain. Il avait antérieurement publié, soit dans les journaux et les revues, soit en librairie, un certain nombre d'études économiques, ou administratives, ou artistiques.

Parmi ces dernières, il est juste de signaler une brochure parue à Paris en 1867, relative au jury du Salon. L'auteur proposait, dans ces pages d'une courtoisie charmante, diverses améliorations qui se sont en effet imposées depuis cette époque.

Vivement intéressé par la question qu'il avait ainsi effleurée, il se laissa facilement aller au plaisir d'envisager l'organisation artistique dans son ensemble, et bientôt il publia un très-curieux volume sur *les Beaux-arts et leur administration* (1) ; c'est un résumé de la situation qui a été faite aux artistes dans les divers pays, aux grandes époques de l'art.

L'introduction renferme un « Coup d'œil rétrospectif », où sont tracées les lignes générales de l'histoire de la peinture et de la sculpture, depuis les beaux jours de la Grèce classique jusqu'à la fondation de l'Institut de France. Viennent ensuite des considérations d'une élévation particulière sur le goût artistique, sur les caractères propres aux différentes écoles ou à quelques classifications usuelles, sur les productions naturalistes et réalistes et sur la conception idéaliste. L'auteur enfin passe

(1) Paris, chez Dentu, 1868.

en revue les organes essentiels de notre administration des Beaux-Arts, l'enseignement de la peinture, de la sculpture, de l'architecture et de la gravure, à Paris et à Rome.

Il a été beaucoup écrit, depuis un demi-siècle, non-seulement sur l'histoire générale de l'art, mais aussi sur l'organisation artistique française. La plupart de ceux qui ont traité de ces matières ne l'ont point fait sans parti-pris, et notre administration des Beaux-Arts, qui a subi, depuis le premier Empire jusqu'à l'époque actuelle, des variations incessantes, a eu le privilége d'inspirer de tout temps des récriminations.

M. Amédée Jullien laisse les autres récriminer; il est toujours sans aigreur et sans violence, et ce qui double le prix de ses observations, c'est justement qu'elles sont invariablement présentées avec une urbanité extrême. S'il a un blâme à produire, il l'indique plutôt qu'il ne le formule, car il tient à ne pas blesser ceux dont il désapprouve le système : usant d'une telle délicatesse, il n'en réussit que mieux à convaincre. De même, lorsqu'il a un avis à donner, il se garde bien de le jeter brutalement à la face des gens, mais il se borne à le faire pressentir, convaincu qu'on lui saura gré de ménager de la sorte des susceptibilités en éveil, et assuré d'être d'autant plus écouté qu'il aura été plus réservé.

Je prends ce passage à titre d'exemple :

« Les arts s'emparent de tout ce qui
» peut plaire ou instruire.

» Ils suivent l'homme pas à pas depuis
» le berceau jusqu'à la tombe.

» Eloquents et terribles, ils traduisent
» nos joies et nos douleurs, et se familia-
» risent aux situations les plus drama-
» tiques ou les plus naïves.

» Ils deviennent pour notre religion les
» plus puissants révélateurs des vérités
» chrétiennes ; ils vont directement au
» cœur de ceux qu'ils instruisent, et ne
» sont jamais au-dessous de la majesté de
» leurs inspirations divines.

» L'administration des Beaux-Arts doit
» surtout s'appliquer à conduire toutes
» ces manifestations utiles et morales. »

A l'administration de comprendre, en lisant cela, qu'elle a pour premier devoir de respecter les Beaux-Arts, en considération de leur tendance élevée : c'est lui conseiller, mais indirectement et par insinuation, de n'avoir pas de protégés indignes. M. Amédée Jullien a du reste soin de marquer que ce n'est pas un Art d'État qu'il réclame :

« Toutes les règles, — dit-il encore dans » son travail sur *les Beaux-Arts et leur » administration*, — toutes les règles qui » commandent aux artistes, et tracent les » chemins qu'ils doivent suivre, sont au- » tant d'entraves qui paralysent les efforts » et éteignent les pensées. Les arts ont » besoin, pour fleurir, de vastes horizons, » d'un air pur, et d'une liberté sans » mélange. »

Est-il possible de draper la critique plus courtoisement et plus gracieusement ?

VIII

« LA NIÈVRE A TRAVERS LE PASSÉ »

Nous disions que M. Amédée Jullien avait été amené à négliger la céramique pour donner ses soins à la préparation de son grand ouvrage : *la Nièvre à travers le passé* (1). Témoignage de l'affection qu'il portait à son pays natal, et résultat des recherches de toute sa vie, cet ouvrage parut en 1883. La presse lui a fait un très-chaleureux accueil. Parmi les nombreux articles qui lui furent consacrés, je me reporte à celui qu'un éminent écrivain,

(1) Cet ouvrage, édité par J. Michot, éditeur à Nevers, est sur le point d'être épuisé.

M. Charles Clément, publia dans le *Journal des Débats* [1], et qui contient ces lignes :

La Nièvre à travers le passé, par M. Amédée Jullien, est une monographie aussi complète et aussi copieuse que possible de l'un des départements les plus intéressants du centre de la France. Ainsi que le fait remarquer l'auteur, une grande partie des monuments et des constructions de tous genres de nos anciennes cités disparaissent avec rapidité. L'incurie y est pour beaucoup. Mais il faut dire aussi que des conditions sociales nouvelles obligent nos édiles à remplacer par de grandes voies larges, droites et aérées, ces vieilles et pittoresques ruelles qui s'étaient formées sans plans préconçus, au gré des circonstances, et dont chaque pierre, pour ainsi dire, était un témoignage et un document historiques. Il n'y a pas un moment à perdre pour recueillir, pour rassembler tous les renseignements que peuvent nous fournir les documents anciens, et pour reproduire, pendant qu'il en est temps, ce qui est encore debout. C'est sous l'empire de ces préoccupations que M. Jullien a écrit, ou plutôt a composé son ouvrage, car les estampes d'après des constructions de tous genres, des vues et des plans de villes aux différentes époques, y jouent un rôle presque aussi

(1) Numéro du 15 décembre 1883.

considérable que le texte lui-même... Ce gros et plantureux volume est l'œuvre d'un érudit qui aime passionnément son pays, et qui n'a reculé devant aucune fatigue et aucune dépense pour en tracer une image pittoresque et ressemblante.

L'ouvrage, édité magnifiquement, contient trente-trois planches, gravées à l'eau-forte.

Ces gravures, toutes exécutées par M. Amédée Jullien et toutes remarquablement venues, représentent Nevers et les autres villes du département; la ville de Nevers a pour sa part plusieurs reproductions de plans anciens, et des vues intéressantes qui permettent de suivre son développement de siècle en siècle.

Comme le faisait remarquer un journal lors de la publication de l'ouvrage, de pareilles gravures, si elles étaient réunies en album, suffiraient à constituer un résumé complet de l'histoire nivernaise. Mais elles font partie intégrante du tout, et, de même qu'elles ont leur explication dans le texte, également elles lui servent de complément.

Afin de rendre plus claire encore la

disposition de son œuvre, l'auteur a mis en tête du volume une monographie descriptive des planches : ce travail préliminaire est extrêmement utile ; on n'a qu'à lire ces descriptions pour embrasser d'un coup d'œil l'ouvrage tout entier, c'est-à-dire le tableau général de l'histoire locale.

Après le commentaire des gravures vient une notice qui, franchissant même quelquefois les limites du territoire nivernais, résume toute notre existence nationale. L'auteur, dans cette notice, nous fait traverser les antiques forêts du Morvand, qui « n'entendent plus le chant sacré » des cérémonies païennes », mais qui « conservent sous leurs sombres om» brages quelques-uns des monuments des » druides et des druidesses ». Il nous montre le christianisme chassant les idoles. Il nous parle de saint Révérien, le premier martyr nivernais, massacré à Nevers sous l'empereur Aurélien ; il signale aux pieux souvenirs de ses compatriotes saint Pélerin et saint Jovinien, martyrisés à Entrains. Il nous dit aussi comment, à la place des autels des faux dieux, s'élevèrent les basiliques romanes, puis les cathédrales ogivales; mais s'il étudie à cette occasion la marche générale des événements qui préparèrent la France moderne, il a soin cependant de rattacher toujours ses travaux à son sujet et de ne sortir de la « Nivernie » que pour y rentrer avec des documents nouveaux.

Peu à peu, à mesure que la lumière se fait sur les vieux siècles, le champ de ses observations se limite, et désormais il s'en tient au pays nivernais.

Voici d'abord, aux différentes époques de l'histoire connue ou reconstituée, une étude bien curieuse sur les divisions de la contrée, administratives, civiles et ecclésiastiques. On trouve ensuite l'indication de toutes les congrégations religieuses, d'hommes et de femmes, qui ont été ou sont encore établies en Nivernais.

Un autre titre est consacré à la table chronologique des comtes et des ducs de Nevers, avec leur descendance jusqu'à nos jours; cette partie forme un précis historique dont les éléments, disséminés de toutes parts, n'avaient pas encore été réunis.

Après les chapitres où la contrée nivernaise est envisagée dans son ensemble, on arrive à une série d'études spéciales, où il est traité des diverses parties du département. La description de la ville de Nevers, ancienne et moderne, forme à elle seule une œuvre considérable; nous y trouvons le portrait et l'examen des édifices de la cité, soit à l'époque actuelle, soit aux jours de leur origine et de leur splendeur.

Les documents, gravés ou écrits, qui sont relatifs aux autres localités de la Nièvre, se groupent autour des centres suivants : Decize, Saint-Pierre-le-Moûtier, Clamecy, Entrains, Varzy, Corbigny, Lormes, Cosne, La Charité, Donzy, Château-Chinon, Moulins-Engilbert, Luzy.

Telle est, en résumé, l'ordonnance de ce bel ouvrage.

Comme complément à son livre, l'auteur publia bientôt une Carte générale du département de la Nièvre, carte qui est en partie, elle aussi, « à travers le passé ».

Elle a été dressée pour montrer à la fois ce que la Nièvre est aujourd'hui, et ce qu'elle fut voilà cent ans, voilà cinq cents ans, et à ses divers âges caractéristiques. Le problème consistait à juxtaposer, dans un seul et même dessin géographique, les différentes époques, avec les modifications essentielles survenues successivement. Il y aurait eu là matière à plusieurs planches distinctes. Mais M. Amédée Jullien a jugé que ce qui pouvait être intéressant et utile, c'était de présenter dans une seule et même combinaison graphique la marche du temps, et c'est ce qu'il a fait; il a réussi avec sa lucidité accoutumée à écarter toute confusion et il a donné une carte facile à lire.

Il méditait autre chose encore. Ses travaux dont il vient d'être parlé étaient terminés à peine, que déjà il s'occupait de rassembler des documents pour un nouvel ouvrage : Cette fois, c'étaient les « Châteaux nivernais, Manoirs, Châteaux-forts et Forteresses » qu'il se proposait de reconstituer et de décrire.

En même temps, il s'était mis à rechercher les traces du passage héroïque de Jeanne d'Arc dans les pays nivernais, à

La Charité, à Saint-Pierre-le-Moûtier, à Apremont. C'était un travail qui plaisait à l'érudit, un travail pour lequel le patriote s'enthousiasmait. Hélas ! Je me souviens de la chaleur émue avec laquelle il en parlait. Ce devait être un bon livre, curieux et sûr, riche en documents écrits et dessinés; ce devait être par-dessus tout un livre bien français...

Pauvre cher Amédée Jullien ! Il faisait ainsi de nobles projets, — et la mort était à sa porte...

IX

LE MUSÉE DE CLAMECY

Clamecy possède un Musée dont notre ami regretté avait le droit d'être fier. C'était son œuvre. « C'est lui qui l'a créé,
» qui l'a organisé ; c'est lui qui, dans un
» espace de dix ans seulement, lui a
» donné tous les développements ines-
» pérés que l'on peut admirer aujourd'hui.
» Il lui a tout prodigué, comme à un enfant
» chéri entre tous, son temps, son bien,
» toutes ses forces... » Ainsi parlait M. le

Maire de Clamecy [1], en un jour de deuil, et c'était un juste hommage que ce magistrat rendait hautement au compatriote dont la vie fut consacrée au bien sous toutes ses formes.

Si ce Musée de Clamecy a été fondé en 1876, ce fut parce que M. Amédée Jullien était là, avec son goût artistique et son dévouement inépuisable. Sans lui, on n'aurait probablement pas eu l'idée d'une pareille institution, parce qu'on ne se serait pas senti en mesure de la faire prospérer. M. Amédée Jullien a donc été l'âme de ce Musée ; il en était le directeur : tel est le titre qu'il accepta et qu'il justifia complètement, s'en faisant un devoir et y goûtant un plaisir.

Il savait que c'était chose utile, et qu'il rendait un signalé service au pays qu'il aimait, en contribuant à y répandre les notions du bon goût.

(1) Ces paroles sont extraites du discours que M. Gillet, alors maire de Clamecy, a prononcé, le 12 novembre 1887, aux obsèques de M. Amédée Jullien.

L'excellent sculpteur nivernais, M. Boisseau, a fait un buste en bronze de M. A. Jullien ; cet ouvrage, exposé il y a deux ans au Salon de Paris, appartient au Musée de Clamecy.

Quand on lui disait que Clamecy était privilégié (car il y a, en effet, peu d'arrondissements qui possèdent de vraies collections d'art pur ou même d'art industriel), il souriait et ne se glorifiait pas, car il était d'une modestie admirable, — je dirais excessive, s'il pouvait y avoir excès en matière de vertu; — mais la satisfaction se peignait sur sa franche figure, à cause du bénéfice intellectuel qui était le partage du public.

On n'avait, lorsqu'on le rencontrait, qu'à lui parler de son Musée; il ne manquait jamais d'avoir quelque bonne nouvelle à donner. Tantôt il venait de recevoir, en don, un tableau, ou une pièce de céramique, ou un objet de curiosité; — et il fallait l'entendre exalter la générosité du donateur. D'autres fois il avait fait une rencontre précieuse, mis la main sur une chose rare, peut-être unique.

Ses courses dans Paris étaient bien souvent en vérité comme des chasses aux « curiosités ».

Le collectionneur se retrouvait, — ce collectionneur qui s'était révélé dès la saison de l'adolescence, et qui n'abdiqua jamais.

Découvrir des objets dignes d'être étudiés, les acquérir, les réunir, les grouper avec ordre et méthode, quelle occupation incessante, un peu enfiévrée, féconde en inquiétudes mais riche en satisfactions!

Notre ami traversait ces agitations avec une joie communicative.

Son instinct le conduisait tout juste aux bons endroits; son goût si fin et son érudition encyclopédique lui faisaient discerner les ouvrages de prix sous la poussière des siècles et sous l'oubli irrévérencieux. A l'Hôtel des Ventes de la rue Drouot, qu'il fréquentait volontiers, ses investigations furent souvent récompensées par de beaux succès.

Comme il était heureux, quand sa moisson de l'année avait été fructueuse!

Il rédigeait alors, pour cette Société artistique de Clamecy dont il était la gloire, un rapport d'une étonnante limpidité, d'un charme exquis...

Un jour, — les applaudissements qui saluaient un de ces rapports s'arrêtèrent brusquement...

X

JOURS SUPRÊMES

Le 6 novembre 1887, un dimanche, M. Amédée Jullien était à Clamecy. Son voyage avait le Musée pour objet. Il venait rendre compte des travaux de l'année et des progrès accomplis. Il comptait proposer certaines améliorations. Le samedi, il s'entretint longuement de ses projets avec le Président de la Société artistique.

A l'ouverture de la réunion générale, le dimanche, il vint s'asseoir à la place d'honneur qui lui était réservée ; la sympathie de l'assemblée entière l'environnait ; il avait l'air heureux : — il l'était, en effet, car tout lui souriait encore, à cette heure de son existence, — heure fugitive, moment suprême...

Tout lui souriait, et ce n'était pas uniquement cette journée artistique qui devait lui paraître douce. C'était son cœur même, son cœur de père de famille, qui avait retrouvé la paix et la confiance.

Les voiles de deuil qui avaient assombri sa maison dataient déjà de quatre années. La santé, naguère incertaine autour de lui, était revenue : plus de chagrins maintenant, d'après ce qu'il devait croire ; aucun souffle inquiétant ne ridait le lac bleu de ses rêves de bonheur.

Sa sécurité était donc complète, et il dessinait paisiblement ses plans d'avenir. — Mais qu'est-ce que c'est, ô Dieu, que l'avenir, ici-bas ?

Il prit la parole dans cette assemblée générale de sa Société artistique, et, tandis qu'il développait ses idées, on l'écoutait avec une attention respectueuse.

Tout d'un coup sa voix se voila... On crut d'abord à une fatigue passagère.

Il voulut poursuivre. Les mots ne venaient plus à ses lèvres. Ses traits se décomposaient. — On se précipita. On le soutint.

Plus de paroles. Ses yeux seuls parlaient encore, et, levés au ciel, semblaient dire :
— « Mon Dieu, mon Dieu ! Tes arrêts
» sont mystérieux et les épreuves que tu
» réserves aux tiens sont terribles... Que
» ton saint nom soit béni !... »

Ainsi frappé inopinément, notre pauvre et bon ami voyait s'envoler, comme des tourbillons de fumée, tous ses espoirs de naguère, tous les projets qu'il avait caressés. Humainement, tout était fini pour lui.

On le porta dans la maison dont il a été question aux premières pages de ce récit : c'est là qu'il attendit quatre jours, pressant les mains de sa femme et de sa fille qui pleuraient sur lui. Muet désormais, il avait ses yeux sur l'image du Sauveur, et son cœur au ciel. — Le 10 novembre il expira, dans la maison même où il était né.

Voilà comment ce vaillant est tombé sur son champ de bataille, entouré des siens et au milieu de ses travaux : n'avait-il pas partagé sa vie entre le travail et l'affection ?

Par-dessus tout il était bon. Près de lui on se sentait dans une atmosphère d'exquise bienveillance. Sa joie était de faire des heureux. Il avait cette noble faculté d'aimer son prochain naturellement et sans effort. Si on lui faisait observer que ceux auxquels il rendait service n'étaient peut-être pas toujours dignes de ses bienfaits, il n'écoutait que les conseils de son indulgence. Il ne cherchait jamais pour lui les louanges, mais il se plaisait à louer les autres, et les succès de ses amis mettaient le comble à son bonheur.

Tel fut cet homme de bien.

Et maintenant qu'il n'est plus, que reste-t-il de lui? Qu'a-t-il laissé à ceux qui lui survivent? — D'abord, il a laissé ces œuvres, si variées et si remarquables, auxquelles il a consacré son infatigable ardeur.

Mais qu'a-t-il laissé encore? — Hélas! il a laissé des regrets et des larmes! Certes, elles sont bénies et saintes, les larmes répandues en souvenir d'un homme de bien : Faut-il donc, pourtant, parce qu'il a été d'une bonté particulière, que le dernier hommage qui lui est rendu ne soit qu'un gage de douleur? O justice éternelle! est-ce qu'il ne reste plus après lui que de pauvres cœurs brisés?

Ah! il reste aussi sa mémoire, — c'est-à-dire le souvenir fécond de ses mérites et de ses vertus.

Notre bien cher Amédée Jullien a été, comme le fut son père, un homme droit, juste et craignant Dieu...

Il a donc laissé un trésor infiniment précieux : le bon exemple de sa vie...

TABLE.

Nevers, Imp. G. Vallière.

www.ingramcontent.com/pod-product-compliance
Ingram Content Group UK Ltd.
Pitfield, Milton Keynes, MK11 3LW, UK
UKHW020336180726
13839UKWH00002B/750

9 782329 484198